Betty

Argraffiad cyntaf: 2023
© testun Nia Morais, 2023
© lluniau Anastasia Magloire, 2023

Mae hawlfraint ar gynnwys y llyfr hwn ac mae'n anghyfreithlon i lungopïo neu atgynhyrchu unrhyw ran ohono trwy unrhyw ddull ac at unrhyw bwrpas (ar wahân i adolygu) heb gytundeb ysgrifenedig y cyhoeddwr ymlaen llaw.

Cynhyrchwyd y gyfrol hon gyda chymorth ariannol Cyngor Llyfrau Cymru.

Rhif llyfr rhyngwladol:
978-1-914303-31-9

Cyhoeddwyd yng Nghymru gan Lyfrau Broga, Yr Eglwys Newydd

www.broga.cymru

Betty

Bywyd Penderfynol Betty Campbell

Geiriau gan Nia Morais
Lluniau gan Anastasia Magloire

Ganwyd Betty Campbell yn 1934 yn Tiger Bay, Caerdydd – lle prysur gyda phobl o bedwar ban byd yn byw yno.

Roedd llawer o bobl oedd yn byw yn Tiger Bay wedi treulio wythnosau ar long er mwyn cyrraedd Cymru.

Daeth mam Betty o Gaerdydd a daeth ei thad o Jamaica. Pan oedd hi'n bedair oed, bu farw ei thad yn yr Ail Ryfel Byd.

Er bod pethau'n anodd, dyma'r gymuned o'u cwmpas yn helpu Betty a'r teulu, felly roedd ganddyn nhw bopeth roedden nhw ei angen.

Roedd Betty wrth ei bodd yn yr ysgol ac roedd hi eisiau bod yn athrawes. Gweithiodd yn galed i basio arholiad anodd er mwyn cael lle yn un o ysgolion gorau'r ddinas.

Un diwrnod, gofynnodd prifathrawes Betty beth hoffai hi wneud fel swydd. Dywedodd ei bod hi eisiau bod yn athrawes.

Edrych yn syn arni wnaeth y brifathrawes gan ddweud na fyddai hyn yn bosib oherwydd lliw ei chroen.

Teimlai Betty yn drist am hyn ond penderfynodd y byddai'n llwyddo i fod yn athrawes, er mor anodd fyddai hynny.

Gweithiai yn galed yn yr ysgol bob dydd – a hi oedd y gorau yn y dosbarth.

Yn fuan ar ôl iddi adael yr ysgol, cwympodd Betty mewn cariad gyda bachgen o Jamaica o'r enw Rupert.

Dechreuon nhw deulu a gweithiai Betty yn galed yn magu'r plant. Roedden nhw'n deulu hapus iawn.

Pan oedd ei phlant yn dal yn fach, gwelodd Betty fod y coleg lleol yn derbyn menywod i ddysgu i fod yn athrawon am y tro cyntaf.

Roedd hi'n dal i gofio ei breuddwyd o fod yn athrawes a chafodd le fel un o'r menywod cyntaf ar y cwrs.

Ar ôl llawer o waith caled, daeth ei breuddwyd yn wir pan gafodd swydd fel prifathrawes yn Ysgol Gynradd Mount Stuart – ysgol newydd yn yr ardal lle cafodd ei magu.

Roedd gan y dociau enw gwael fel lle tlawd a pheryglus, ond roedd Betty yn gwybod ei bod yn gymuned arbennig, llawn hanes a chariad.

Betty oedd y brifathrawes Ddu gyntaf yng Nghymru. Roedd hi'n benderfynol o ddysgu plant y dociau am eu hanes ac am hanes pobl Ddu o gwmpas y byd.

Gyda Betty yn arwain, roedd yr ysgol yn llwyddiannus iawn, ac fe ddaeth yn ysgol enwog.

Daeth llawer o bobl o bob rhan o'r byd i ymweld ag ysgol arbennig Betty Campbell.

Oherwydd bod hanes pobl Ddu mor bwysig iddi, fe helpodd i greu Mis Hanes Pobl Ddu er mwyn sicrhau fod modd i bawb ddathlu llwyddiannau pobl Ddu yng Nghymru a thu hwnt.

SHIRLEY BASSEY

BILLY BOSTON

RICHARD PARKS

KIZZY CRAWFORD

Roedd edrych ar ôl ei chymuned yn bwysig i Betty trwy gydol ei hoes – hyd yn oed ar ôl iddi ymddeol.

Byddai'n sicrhau bod pawb yn cael gofal a bod y plant yn gallu mynd i'r ysgol yn ddiogel.

Roedd hi'n caru ei chymuned – ac roedd pawb yn y dociau yn ei hadnabod ac yn falch iawn ohoni.

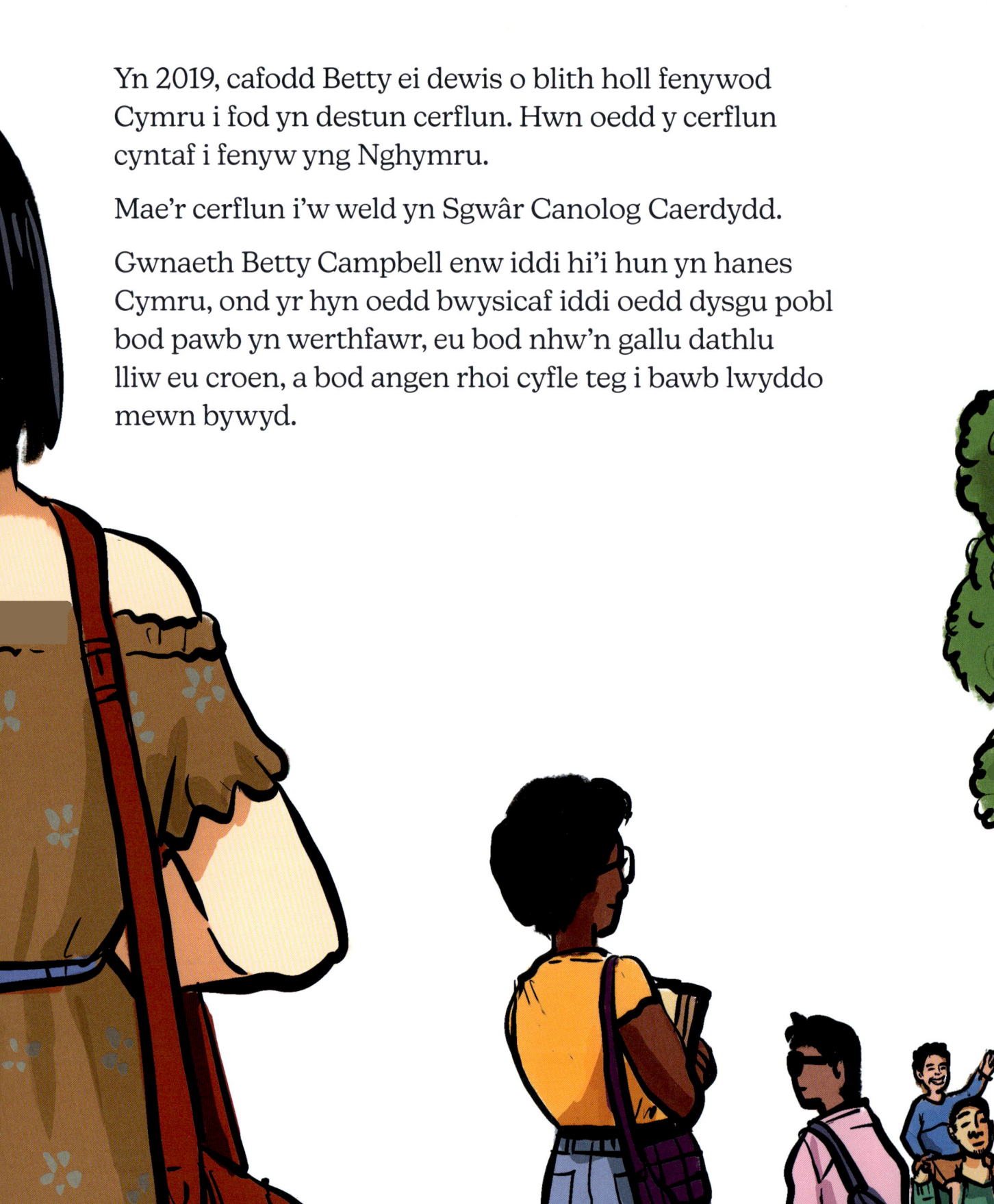

Yn 2019, cafodd Betty ei dewis o blith holl fenywod Cymru i fod yn destun cerflun. Hwn oedd y cerflun cyntaf i fenyw yng Nghymru.

Mae'r cerflun i'w weld yn Sgwâr Canolog Caerdydd.

Gwnaeth Betty Campbell enw iddi hi'i hun yn hanes Cymru, ond yr hyn oedd bwysicaf iddi oedd dysgu pobl bod pawb yn werthfawr, eu bod nhw'n gallu dathlu lliw eu croen, a bod angen rhoi cyfle teg i bawb lwyddo mewn bywyd.

Hefyd yng nghyfres

Enwogion o Fri

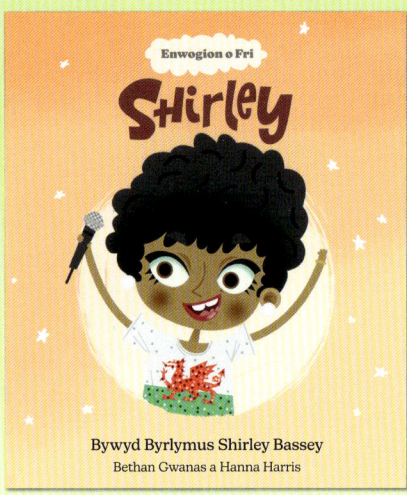

Shirley Bassey
Hanes y ferch o Tiger Bay a ddaeth yn seren bop fyd-enwog.

Cranogwen
Merch wnaeth herio'r drefn, o hwylio llongau i farddoni, mewn oes lle nad oedd cyfleoedd cyfartal i ferched.

Gwen John
Stori'r ferch dawel a ddilynodd ei breuddwyd a dod yn un o artistiaid gorau Cymru.

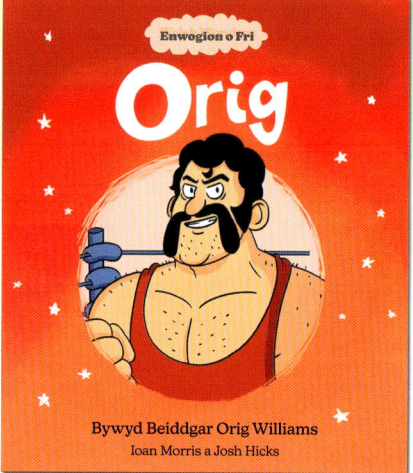

Orig Williams
Y reslwr cryf oedd yn enwog ar draws y byd fel 'El Bandito'.

Ann Griffiths
Y bardd a'r emynydd sensitif wnaeth ysgrifennu caneuon a ysbrydolodd y genedl.

Aneurin Bevan
Y gwleidydd poblogaidd wnaeth ymladd dros degwch a sefydlu'r Gwasanaeth Iechyd Gwladol.

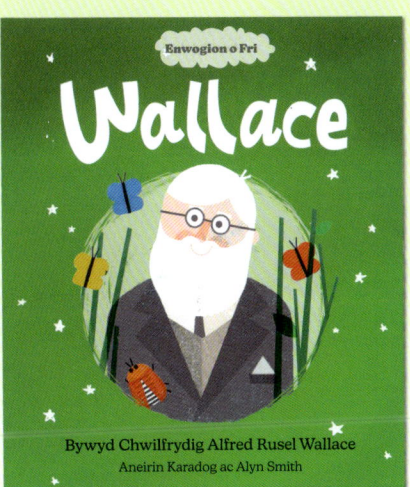

Laura Ashley
Dylunydd ffasiwn wnaeth sefydlu busnes byd-eang o'i chartref yng nghanolbarth Cymru.

Alfred Russel Wallace
Y gwyddonydd anturus wnaeth deithio'r byd gan wneud darganfyddiadau hynod.

Darganfyddwch fwy am fywydau ysbrydoledig pobl o Gymru, o artistiaid i wyddonwyr, i bobl wnaeth herio'r drefn a goresgyn pob math o rwystrau i gyflawni eu breuddwydion.

broga.cymru